BEI GRIN MACHT SICH IHR WISSEN BEZAHLT

- Wir veröffentlichen Ihre Hausarbeit,
  Bachelor- und Masterarbeit

- Ihr eigenes eBook und Buch -
  weltweit in allen wichtigen Shops

- Verdienen Sie an jedem Verkauf

Jetzt bei www.GRIN.com hochladen und kostenlos publizieren

Anne-Sophie Schmidt

Der Erste Weltkrieg und die Kunst

GRIN Verlag

Bibliografische Information der Deutschen Nationalbibliothek:

Die Deutsche Bibliothek verzeichnet diese Publikation in der Deutschen National-
bibliografie; detaillierte bibliografische Daten sind im Internet über http://dnb.d-
nb.de/ abrufbar.

Dieses Werk sowie alle darin enthaltenen einzelnen Beiträge und Abbildungen
sind urheberrechtlich geschützt. Jede Verwertung, die nicht ausdrücklich vom
Urheberrechtsschutz zugelassen ist, bedarf der vorherigen Zustimmung des Verla-
ges. Das gilt insbesondere für Vervielfältigungen, Bearbeitungen, Übersetzungen,
Mikroverfilmungen, Auswertungen durch Datenbanken und für die Einspeicherung
und Verarbeitung in elektronische Systeme. Alle Rechte, auch die des auszugsweisen
Nachdrucks, der fotomechanischen Wiedergabe (einschließlich Mikrokopie) sowie
der Auswertung durch Datenbanken oder ähnliche Einrichtungen, vorbehalten.

Impressum:

Copyright © 2010 GRIN Verlag GmbH
Druck und Bindung: Books on Demand GmbH, Norderstedt Germany
ISBN: 978-3-656-33665-5

Dieses Buch bei GRIN:

http://www.grin.com/de/e-book/206376/der-erste-weltkrieg-und-die-kunst

GRIN - Your knowledge has value

Der GRIN Verlag publiziert seit 1998 wissenschaftliche Arbeiten von Studenten, Hochschullehrern und anderen Akademikern als eBook und gedrucktes Buch. Die Verlagswebsite www.grin.com ist die ideale Plattform zur Veröffentlichung von Hausarbeiten, Abschlussarbeiten, wissenschaftlichen Aufsätzen, Dissertationen und Fachbüchern.

Besuchen Sie uns im Internet:

http://www.grin.com/

http://www.facebook.com/grincom

http://www.twitter.com/grin_com

Universität Osnabrück
Semester: Sommersemester 2010
Seminar: Der Erste Weltkrieg und die Medien

Der Erste Weltkrieg
und
die Kunst

Anne-Sophie Schmidt

Europäische Studien

4. Semester

1. Einleitung

„Krieg! Es war Reinigung, Befreiung, was wir empfanden, und eine ungeheure Hoffnung!"[1]

In der vorliegenden Arbeit wird die Kunst sowie die Kriegsbegeisterung der Künstler im Ersten Weltkrieg näher beleuchtet.[2] Es wird untersucht, in welche Richtung sich die Kunst sowie die Einstellungen der Künstler im Verlaufe des Krieges entwickeln: Was führte zu der vor allem im künstlerischen Milieu entstehenden Kriegseuphorie, von der Thomas Mann im aufgeführten Zitat spricht? Erfüllen sich die Erwartungen der Künstler an den Krieg? Mit diesen Fragen wird sich diese Arbeit unter anderem beschäftigen.

Um ein Verständnis für die damals erhoffte Bedeutung des Krieges bezüglich Kunst und Kultur bekommen zu können, wird zunächst die Ausgangslage und somit die kulturelle, speziell künstlerische Situation im Kaiserreich erläutert. Anschließend werden die Veränderungen des künstlerischen Ausdrucks während des Krieges herausgearbeitet.

Darüber hinaus wird dargestellt, inwieweit und in welcher Form sich die Künstler am Krieg beteiligten.

Die Arbeit schließt mit einem resümierenden Fazit, in dem die Frage aufgegriffen wird, was sich nun tatsächlich innerhalb der Kunst durch den Krieg verändert hat bzw. inwieweit die erhofften Neuerungen eingetreten sind.

2. Kunst und Kultur im Kaiserreich

Die Kulturgeschichte des Kaiserreiches lässt sich als ständige Suche nach einem einheitlichen Kulturbegriff betrachten. Diese Tatsache rührt daher, dass die 1871 erreichte politische Einheit nicht sofort zu einem gefestigten nationalen Gefühl der Deutschen führen konnte. Dieser Umstand machte es problematischer, von Beginn an einen nationalen

---

[1] Mann, Thomas (1914). Zitiert in: Witkowski, Mareike: »Mit begeisterten Hoch. Und Hurra-Rufen«? In: Küster, Bernd (Hrsg.): Der Erste Weltkrieg und die Kunst. Von der Propaganda zum Widerstand, S.9.
[2] Als Grundlage der Ausarbeitung dient vor allem die umfangreiche Publikation zur Ausstellung „Der Erste Weltkrieg und die Kunst" vom April – Juni 2008 in Oldenburg, da diese sich sehr gut als Informationsquelle für das Referat dieser Ausarbeitung eignete.

Kulturbegriff zu definieren.[3] So existierten viele verschiedene Kunstrichtungen im Kaiserreich nebeneinander her.[4]

Zunächst war ein Konflikt zwischen der kaisernahen Akademiekunst[5] und den *freieren* Geistern zu bemerken, die ihrer eigenen Kunstvorstellung treu blieben. 1890 trat dann ein Kurswechsel in der Kunstdebatte ein. Die Kritik richtete sich nun gegen den Verschleiß von traditionellen und ideellen Wertvorstellungen, den die Kritiker in der Modernisierung begründet sahen. Die Kunst wurde „als Produkt jenes kulturellen Abgleitens"[6] oder als erschreckendes Symptom einer kulturellen Erkrankung bezeichnet.[7] Zudem wurde nun die Trivialität der Akademiekunst, die durch die Orientierung am Geschmack des Bürgertums und des Kaisers entstanden war, offen bemängelt. Die kaisertreue Kunst, genauer die Historienmalerei, verlor nun mehr und mehr an Ansehen.[8] Es entstand ein Kunststreit, der sowohl die Machtsstellung der Akademie und den Geschmack des bürgerlichen Publikums in Frage stellte. Die preußischen Behörden konnten auch nicht mehr effektiv in die Kunstwelt eingreifen, da die Künstler der modernen Strömungen durch partikularistisch motivierte Unterstützung finanziell unabhängiger wurden.

So entwickelten sich dann zwei antiakademische Kunstrichtungen: die Heimat- und Phantasiekunst sowie die Strömungen des Realismus, Naturalismus und Impressionismus.[9]

Ab Mitte der neunziger Jahre rückt der um 1910 als die fortschrittlichste Kunstrichtung in Deutschland geltende Impressionismus vornehmlich in den Vordergrund. Die Anhänger dieser Strömung möchten eine subjektive Vision der Wirklichkeit darstellen und brechen mit vielen Regeln der damaligen malerischen Praxis. Die bedeutendsten Vertreter sind zu jener Zeit Max Liebermann (der bekannteste Maler Preußens), Slevogt und Corinth.[10] Die Impressionisten fanden sich oft in den sezessionistischen Bewegungen wieder. Sie spalteten

---

[3] Auf der Suche nach einer eigenen kulturellen Identität des jungen, traditionsarmen Reiches und einen deutschen Eigenweg wurde oft Frankreich als Antithese zum deutschen Ideal dargestellt, da der deutsche Nationalismus ja am Anfang des Jahrhunderts vom Widerstand gegen Napoleon geprägt war. Vgl.: Segal Kunstdebatte S. 16ff

[4] Joes Segal 166

[5] Im Kaiserreich gab es eine „offiziell geförderte bildende Kunst". Sie erfüllte zwei gesellschaftliche Funktionen: die Repräsentation der neuen staatlichen Macht und die Dekoration der Lebenswelt des aufsteigenden Bürgertums. Die Historienmalerei wurde an den Akademien als höchste Gattung der Malerei gelehrt und gefördert. Die Einflussnahme der Akademien auf die Kunstproduktion war erheblich, da die Verleihung von Staatsaufträgen und Medaillen auf ihre Empfehlungen erfolgten und die alljährliche Akademieausstellung (der *Salon*) für die Künstlerschaft der einzig reguläre Weg zur Bekanntheit war. Zudem nahm das Bürgertum die Kunst für sich in Anspruch als Legitimierung ihrer Machtstellung auf kommunaler Ebene. Die Maler orientierten sich somit am konservativen Geschmack und den Ansprüchen des Bürgertums, um ihre Werke verkaufen zu können. Vgl. Segal: 15f

[6] Segal 19

[7] Segal:16

[8] Börsch-Supan, Helmut: S.195.

[9] Segal22.

[10] Segal 36f

sich also in so genannten Sezessionen von der von ihnen nicht mehr als zeitgemäß empfundenen Kunst ab (Beispielsweise: Berliner Sezession oder Münchner Sezession).[11]

Nach 1910 wurden die Verhältnisse innerhalb der deutschen Kunstkritik „mit dem Auftritt der radikalen modernen Kunstströmungen Expressionismus, Kubismus und Futurismus"[12] erneut schwer erschüttert. Unter den radikal modernen Strömungen setzte sich der Expressionismus durch und erschütterte die relativ gefestigten impressionistischen Sezessionen. Er entwickelte sich als Protestbewegung gegen den Impressionismus und löste jenen als Moderne ab.[13]

Auf diese Weise entwickelte sich eine Konfliktlinie zwischen den Impressionisten, die sich als Vertreter des modernen Lebens sahen und den Expressionisten, die dem modernen Leben eine andere Wirklichkeit entgegenstellen wollten.[14] Die Künstlergemeinschaften *Die Brücke* und *Der blaue Reiter* sind als wichtige expressionistische Vereinigungen erwähnenswert, außerdem gilt es im Einzelnen Max Pechstein Ernst Ludwig Kirchner, Karl Schmidt-Rottluff, Emil Nolde sowie Kandinsky hervorzuheben.[15]

Der Expressionismus entwickelte eine antinaturalistische Grundhaltung und zeigte lediglich Flächen, Linien und Farben. Ziel war es, einen Gegenstand in seine Idee aufzulösen.[16]

In dieser beschriebenen Richtungsdebatte stand die Kunst stellvertretend für die Kultur, das heißt die Kunst galt als Wegweiser der Gesamtkultur.[17] Über die Richtungsdebatte hinaus wurde außerdem - vor dem Hintergrund der Suche nach kulturellen nationalen Eigenarten - über die Frage gestritten, inwieweit die Kunst sich Einflüssen anderer Nationen aussetzen dürfe. Die Anhänger der modernen Künste waren hier aufgeschlossener für internationale Einflüsse als andere Strömungen.[18]

Vor allem aber wurde an der verwirrenden Lage der Kunst als solche Kritik geübt. Zusammenfassend lässt sich somit hervorheben, dass das Ende des 19 Jahrhunderts und der Anfang des 20. Jahrhunderts von einem verwirrenden Richtungskampf innerhalb der Kultur und Kunst bestimmt wurden. Der Wunsch nach eigenen deutschen Merkmalen der Kultur konnte somit nicht erfüllt werden.

---

[11] Küster 36
[12] 24 segal
[13] Segal 41
[14] Küster 36f
[15] Küster S. 6
[16] Segal 38f
[17] Segal, Joes 165ff.
[18] Küster 36f

3. Kunst im Krieg

3.1 Beginn

Die gewünschte Einheit und Geschlossenheit waren genau die Qualitäten, die dann im August 1914 feierlich mit dem Kriegsausbruch assoziiert wurden.[19]

In der bildenden Kunst hatte es deutliche Vorahnungen eines globalen Konflikts und Voraussahnungen der Katastrophe gegeben, die auch in apokalyptischen Visionen eines Weltbrands auch künstlerisch festgehalten wurden (siehe hierzu: Ludwig Meidner: Apokalyptische Landschaft, 1912/13).[20]

Der Krieg wurde jedoch von der Mehrzahl der Kunstschaffenden als ein glückliches Ereignis begrüßt.[21] Es regte sich das Verlangen, „einen politischen Konflikt zum Austragungsort eines nationalen Selbsterhaltes in der Kultur zu erheben."[22] Mit dem militärischen Sieg Deutschlands verband man die Erwartung des Anbruchs einer deutschen Weltherrschaft, was ebenso für den kulturellen Bereich gelten sollte.[23]

Viele Intellektuelle deuteten den Krieg als „Heiler der Kultur" oder als „reinigendes Gewitter". Man hoffte also, dass sich der verwirrende Richtungskonflikt durch den Krieg lösen und sich ein deutscher Eigenweg entwickeln würde. Zudem wünschte man eine Versöhnung oder einen Ausgleich der verschiedenen Kunstströmungen.[24] Kultureller Hauptgegner – war wie schon erwähnt – Frankreich. Dieses Feindbild war kein leichtes Unterfangen, denn viele der deutschen Künstler genossen ihre Ausbildung in Frankreich.[25]

Ab August 1914 war schließlich innerhalb des gesamten kulturellen Milieus nichts mehr ohne eine Beziehung zum Krieg überhaupt denkbar. In den zahlreichen Kultur- und Kunstzeitschriften[26] schrieb man kaum mehr über die Kunst an sich, sondern viel mehr über die patriotischen Pflichten, die nun auch die Künstler erfüllen sollten.[27]

---

[19] Segal 167
[20] Vgl.: Cork, Richard: Das Elend des Krieges. Die Kunst der Avantgarde und der Erste Weltkrieg. S. 302.f
[21] Und so erfasste die Kriegsbegeisterung auch die Kunstzeitschriften wie beispielsweise *Kunst und Künstler* oder *Die Kunst*. Siehe hierzu: Börsch-Supan: Die Reaktion der Zeitschriften „Kunst und Künstler" und „Die Kunst" auf den Ersten Weltkrieg. In:
[22] Küster: 35
[23] Noll: 264
[24] Noll, Thomas: 262
[25] Segal 46
[26] Als Beispiele für bekannte Zeitschriften können der wertkonservativ *Kunstwart*; die Zeitschrift des Expressionismus *Der Sturm* sowie die linksradikale Zeitschrift *Aktion*, gelten. Siehe hierzu auch: Joes Segal: Krieg als Erlösung. Die deutsche Kunstdebatte 1920-1918. München 1997, S. 12.
[27] Vgl. Noll, Thomas: Sinnbild und Erzählung. Zur Ikonographie des Krieges in den Zeitschriftenillustrationen 1914 bis 1918.In:... S. 259

Es kann konstatiert werden, dass die Kunst ideologisch überfrachtet wurde, was als ein Zeichen für die vollkommene Fehleinschätzung des Krieges gelten kann.[28] Selbst der große Widersacher des Kaisers, der Impressionist Liebermann, der den liberalen Geist der autoritären Epoche repräsentierte, entwickelte sich nach Kriegsausbruch zu einem Unterstützer des Kaisers.[29]

Aus dargestellten Gründen ließ sich ein großer Teil der Künstler von der Euphorie anstecken und meldete sich freiwillig zum Einsatz – in der Hoffnung an der Front noch nie dagewesene Erfahrungen machen zu können, die ihre Kunst verändern und erneuern würden.[30]

3.2 Das Jahr 1915 – Zuversicht und Idealismus

Das Jahr 1915, das bis dahin wohl blutigste Jahr der Weltgeschichte, war vornehmlich gekennzeichnet vom Scheitern des Schlieffenplans und dem darauf folgenden Stellungskrieg im Westen. Hinzu kam ein sinnflutartiger Regen im Herbst, der den Krieg zu einer Schlammschlacht werden ließ.[31]

Die Zuversicht in Deutschland nahm jedoch nicht ab. Der Kunstwart stellte beispielsweise folgende rhetorische Frage: „Als Sieger nach diesem Krieg sind wir das stärkste Volk der Welt. Darf ein anderes Volk stärker sein als das beste?"[32]

Selbst als der Mythos eines Sieges für Deutschland auseinanderfiel, verschwand der Idealismus nicht. Im Gegenteil: Man meinte, Krieg sei das spirituelle Erlebnis schlecht hin, eine regelrechte Offenbarung. Man erhob jedoch nun auch die Frage, wie ein Krieg grundsätzlich auf die schöpferische Produktivität wirken könne.[33]

Auch der Herausgeber der Zeitschrift *Kunst und Künstler* begrüßte den Krieg noch immer als eine Wohltat: „Es ist von ihm eine mächtige Regeneration des Idealismus zu erhoffen."[34]

Der Krieg würde also erzieherisch wirken, da er vom Materialismus zurück auf das Ideal lenken würde. Es kann festgehalten werden, dass man versuchte, den Krieg auch kulturell zu legitimieren. Dennoch wurde auch festgestellt, dass das Rauschen des Anfangs nun jedoch nicht mehr vorhanden sei.

---

[28] 39 Küster
[29] S- 14 Witkowski
[30] Witkowski 12
[31] 94 Küster
[32] Küster 95; Avenarius, Ferdinand. In: Kunstwart und Kulturwart, Kriegsausgabe, Jg. XXVIII, Jan. 1915, S.2
[33] 96 Küster
[34] Küster 96, Karl Scheffler. In: Kunst und Küsntler, Jg. XIII, 1915, S. 2.

3.3 Das Jahr 1916 – Das Wendejahr

Das Jahr 1916 wurde eines der verlorenen Illusionen und der zunehmenden Härte im Kampf ums Überleben. Bei Verdun entwickelte sich die Materialschlacht, an der Somme zeigte der Krieg seinen neuen, inhumanen Charakter und an der Ostfront führte man einen zermürbenden Stellungskrieg. An der Heimatfront begann sich währenddessen unter den ausbleibenden Siegesmeldungen eine Sehnsucht nach Frieden zu entwickeln.[35]

Der deutsche Widerstand regte vor allem im Bereich der Künstlergruppe des Expressionismus. Sie wollten nun all das zum Ausdruck zubringen, was nun gesagt werden musste; vor allem den Irrsinn des Krieges und die Tatsache, dass die Interessen zur Fortführung des Krieges längst nicht mehr im Willen des Einzelnen oder des Volkes verankert waren.[36]

Der Idealismus, der den Krieg auch immer wieder auf kultureller Ebene legitimierte, war nun kaum mehr zu bemerken. Gerade die nachwachsenden Generation, die sich zu aktiven Kriegsteilnahme aufgerufen oder verpflichtet sah, konnten nun nur noch ihrer eigenen inneren Befindlichkeit Ausdruck geben, da ihre ganz persönliche Existenz tief in diesen Krieg verflochten war. Dieser künstlerische Ausdruck erfolgte dann mit ziemlicher Radikalität. Als Beispiele für diese radikale Mitteilungsweise können Werke von Aloys Wach oder Gerd Böhme herangezogen werden. Ebenfalls „unter der Last der eigenen Eindrücke"[37] standen unter anderen Fitz Fuhrken, Franz Markau und Otto Fischer-Trachau. Sie verzichteten auf eine Symbolsprache und zeigten die Vorgänge, wie sie tatsächlich waren.[38]

Die Künstler fragten sich nun auch: „ Wie soll man den Tod zulänglich künstlerisch darstellen […] Welche Wirklichkeit ist ihm noch gemäß?"[39] Als dies bezüglich geeignet wurden die durch christliche Ikonographien geprägten Werke angesehen.

Als Beispiel kann das auch oft von den jüngeren Expressionisten verwendete Symbol des ans Kreuz geschlagenen Christus als Ausdruck für das schuldlose Leid dienen.[40]

---

[35] Cork 335, 45
[36] 157 Küster
[37] 164 Küster
[38] Ebd.
[39] (Kunstkritiker Karl Scheffler)
[40] 164 Küster

3.4 Das Jahr 1917 – Manifestierung des Widerstands

In diesem Jahr trat die USA in den Krieg ein und Zar Nikolaus II dankte ab. In Deutschland wurde der Ruf nach schnellem Friedensschluss laut und es gab Massenstreiks in Berlin und Leipzig: Die Deutschen waren kriegsmüde geworden. Auch unter den Künstlern nahm nun die Kriegsbefürwortung ab.[41] So ging es in der Kunst nun um die Verknüpfung der Kompensation der sich fortschreibenden Katastrophe mit der Projektion einer neuen Humanität.

„Der Expressionismus manifestierte sich in der Kultur immer stärker als das Herz des Widerstandes, als Organ der Sehnsucht [...]."[42] Er wurde als die Kunstwende schlechthin begriffen. Oft entstanden nun Bilder von jungen Talenten wie Kohlhoff, die bereits den Expressionismus und den Kubismus synthetisch vereinigten.[43]

4. Künstler und der Krieg

4.1 Kriegserfahrungen

Über die Grenzen der Generationen hinweg, bestand – wie schon angedeutet – zu Kriegsbeginn „ein seltsames Einvernehmen"[44] unter den Kunstschaffenden.

Die Zahl der Freiwilligen war erschreckend. Es kann festgestellt werden, dass die Ideologisierung der Kultur Teil des Propagandainstrumentes geworden war und die Künstler sich von dieser vereinnahmen ließen. Die Künstler im Felde wurden zum Beleg der Idealität der Kriegsziele. Sie kamen dieser Darstellung auch noch zusätzlich entgegen, wenn sie vor allem in den ersten Jahren eine Mystifizierung der Ereignisse betrieben – selbst aus der unmittelbaren Betroffenheit heraus.[45]

Als Beispiele für Künstler, die sich freiwillig können unter anderem Ernst Barlach, Ernst Ludwig Kirchner, Franz Marc, Max Beckmann, Otto Dix, Fritz Steißlinger und Georg Wolf genannt werden.[46]

---

[41] Cork; 353: „Im Jahr 1917 stellten mehrere Künstler den Kreig wie eine groteske Phantasie dar."
[42] 166 Küster
[43] 170f Küster
[44] 48Küster
[45] Vgl.: Richard Cork: S.312 ff.
[46] Vgl. Küster50ff sowie: http://www.art-ww1.com/d/present.html

Natürlich wurden andere auch unfreiwillig eingezogen, wieder andere wollten gerne an die Front ziehen, konnten aber aufgrund körperlicher Beeinträchtigungen nicht und fühlten sich aus diesem Grund nutzlos oder als Krüppel, wie der Maler Franz Nölken.[47]

Die Künstler, die als Soldaten an die Front gingen, waren hier auch meist künstlerisch tätig oder schrieben Erfahrungsberichte und Kriegstagebücher. Die Erfahrungen und der Umgang hiermit fielen sehr unterschiedlich aus. Einige mystifizierten die Umstände, andere begegneten ihr mit Neugierde wie der Maler Otto Dix[48] „Also ich bin ein Wirklichkeitsmensch. Alles muss ich sehen, Alle Untiefen des Lebens muss ich selber erleben. Deswegen gehe ich in den Krieg."[49]

Andere sprechen von einer einsetzenden Teilnahmslosigkeit; die Gegenstände würden an Bedeutung verlieren.

Bei dem Künstler Franz Macke trat sofort die Ernüchterung ein und er schrieb schon 1914 klar und ehrlich: „Wie viele Verstümmelungen mag dieser grausame Krieg unserer zukünftigen Kultur gebracht haben?"[50]

Auch Willy Jaeckel ging mit einer ungeschminkten Offenheit mit den tabuisierten Themen um.[51] Fritz Fuhrken wiederum wurde Regimentszeichner und verschaffte sich ein Nebenverdienst mit dem Zeichnen von Postkarten.[52] Auch Heinrich Vogeler berichtet in seinen Briefen oft von Projekten. Er sandte Zeichnungen nach Hause, die für verschiedene Publikationen in Zeitschriften, Kalendern oder als Postkarten verwendet wurden.[53] Es gab jedoch eine Erfahrung, die alle Künstler machen mussten: Mit einer noch so gekonnten und kunstvollen Bildererzählung wurde die Wahrheit nicht einmal berührt.

4.2 Kriegsmaler

Der Begriff Kriegsmaler ist weder eine Auszeichnung noch ein Ehrentitel oder eine Profession wie einst die des Schlachtenmalers.[54] Der Ausdruck wurde ein Sammelbegriff für bildende Künstler, die keinem aktiven Truppenteil angehörten, gleichwohl mit einem solchen assoziiert im Einsatz waren. Sie waren in privatem oder halböffentlichem Auftrag an der Front. Beispielsweise ließen Zeitschriften hinter der Front Bildberichterstatter

---

[47] Küster: 59
[48] Schubert, Dietrich: Otto Dix zeichnet im Ersten Weltkrieg S. 180
[49] Dix, Otto: Gespräch mit Freunden am Bodensee, 1963. Zitiert n.: Küster S56.
[50] Macke, Franz; Nachruf auf August Macke. 25.20.1914. Zitiert nach Küster: 57
[51] 72 Küsterf
[52] Küster 68f
[53] Küster 80
[54] Siehe hierzu: Mai, Ekkerhard:»Ja, das ist der Krieg!«. Zur Militär- und Schlachtenmalerei im Kaiserreich. In:???

agieren, Verlage sandten Maler ins Feld oder Museen beantragten die Aufnahme von Künstlern in einzelnen Regimenten.[55] Der Einsatz als Kriegsmaler wurde als Privileg angesehen, da viele Maler so wieder ihrem Beruf nachgehen konnten anstatt als Soldat in vorderster Schusslinie zu stehen. Es wurde also zwischen den eigentlichen Kriegsmalern und den bildenden Künstlern, die mitkämpften, unterschieden.

Als Kriegsmaler benötigte man eine Aufenthaltsgenehmigung für den Frontbereich.[56] Einige, vor allem ältere Künstler beantragten oft auf eigenen Wunsch eine Genehmigung, da sie in der Kriegsmalerei einen Ersatz für die Ausübung einer patriotischen Pflicht sahen. Als Beispiel können hier Carl Bantzer oder auch Robert Stehl genannt werden.

Als bekannter Kriegsmaler gilt außerdem Theodor Rocholl. Er konnte die Wirklichkeit „präzise und zugleich malerisch"[57] schildern. Auch Ernst Liebermann war als Kriegsmaler tätig, doch hatten seine Bilder und Berichte etwas Romanhaftes bzw. Märchenhaftes und zielten an der Realität vorbei.[58]

4.3 Propagandakunst

Nicht alle Maler konnten jedoch ihre Eindrücke in freier Entscheidung verarbeiten. Es gab noch jene, die von staatlicher Seite als Auftragsmaler ernannt wurden. Hier reicht das Spektrum „von zweckgerichteten Illustrationen bis hin zu [...] hochwertigen Mappenwerken"[59], welche ursprünglich nach dem siegreichen Ende erscheinen sollten.

Viele Künstler spannten sich im Namen der deutschen Kultur willig vor den Propagandafeldzug (beispielsweise Eugen Bracht in der Landschaftsmalerei oder Wilhelm Trübner). Von Richard Müller erschien im Rahmend der Propagandakunst 1916 die Bildmappe *Aus dem Westen* und von Heinrich Vogeler *Aus dem Osten*. Arnold Busch wurde als Porträtzeichner eingesetzt.[60]

Vor allem aber sollten die Künstler Zeichnungen für großflächige Plakataktionen entwerfen. Anfangs um eine Kriegseuphorie auszulösen und später um für Kriegsanleihen zu werben. Oft wurde hier der Hindenburg-Kult praktiziert um Bürger zum Spenden oder

---

[55] 119 Küster
[56] 121
[57] 127
[58] Küster 137
[59] Küster 101
[60] 101 Küster

Helfen zu animieren. Plakatmaler waren unter anderem Ludwig Hohlwein, Lina von Schauroth und Otto Ubberlohde, Louis Oppenheim und Lucian Bernhard.[61]

5. Fazit: Der Krieg als Erneuerer der Kunst?

Was aber war nun aus den zu Kriegsbeginn gestellten Erwartungen an die bildende Kunst geworden, also vom erwarteten Zusammenschmelzen der Style zu einem neuen Form- und Wirklichkeitsverständnisses?

In der jüngeren Generation des Expressionismus war durch den Krieg die „pazifistische Grundüberzeugung"[62] immer stärker geworden. Aus der Erfahrung des Niedergangs stiegen nun die Visionen einer neuen, sozialen und gewaltfreien Humanität auf. Doch gab es in den Expressionismuskreisen auch die kritische Analyse der Zusammenhänge und radikalen Reaktionen auf die Weltzerstörung. Diese äußerten sich in der Dekonstruktion des Intakten, der Verzerrung, Zersplitterung und in der Neuzusammensetzung aller Wirklichkeitsbezüge.

Bezüglich des Impressionismus kristallisieren sich heraus zwei Ebenen: ein „Ausdrucksverlangen, das der Empfindung eines nahezu globalen Umbruchs"[63] entsprechen sollte und die Suche nach dem „Gegengewicht zu der heftigen Reaktion aus der eigenen Zeit."[64]. Doch was sich ein paar Jahre früher aus einer lyrischen Empfindung ergab, das musste nun zwanghaft gesucht oder konstruiert werden

Es wurde jedoch auch festgestellt, dass die impressionistischen Sezessionen sich selbst überlebt hätten und nun kein inneres Recht auf eine Existenz mehr hätte.

Alles in allem konnte man keinen klaren Unterschied zwischen „vorwärtsgewandter Erneuerung und rückwärtsgewandter Verfestigung überlieferter Ausdrucksformen und akademischer Normen"[65] machen. Die Künstler, Kunsthistoriker und Kritiker bewegten sich diesbezüglich in dem Raum zwischen den Polen hin und her. Es bestand somit nach Kriegsende innerhalb der Kultur keine Chance auf Ausgleich oder Versöhnung der verschiedenen Strömungen, wie es vom Ausgang des Konflikts erwartet wurde. Zwar bedienen sich fast alle Vertreter der verschiedenen Kunstrichtungen zeitweise einer ausgeprägteren nationalistischen Rhetorik, jedoch nahmen beispielsweise die Spannungen zwischen Expressionismus und Impressionismus noch weiter zu.[66] Es stellte sich vielmehr

---

[61] 109 Küster ff
[62] 176 Küster
[63] 177 Küster
[64] ebd
[65] 177 Küster
[66] Segal 114

im Laufe des Krieges heraus. „dass hinter dieser Einmütigkeit [die zu Anfang de Krieges herrschte] die alten Differenzen intellektueller und künstlerischer Überzeugung uneingeschränkt weiterexistierten.“[67] Abschließend ist zu bemerken, dass die kulturtragende Generation gezeichnet von heillosen Wunden der Fronterfahrung war und nun erst wieder lernen musste, die Blicke neu zu öffnen um wieder künstlerisch denken zu können.

---

[67] Segal, Joes: 165

Literaturverzeichnis

KÜSTER, Bernd (Hrsg.): Der Erste Weltkrieg und die Kunst. Von der Propaganda zum Widerstand. Katalog des Landesmuseum für Kunst und Kulturgeschichte Oldenburg. Band 25. Gifkendorf 2008.

SEGAL, Joes: Krieg als Erlösung. Die deutsche Kunstdebatte 1910-1918. München 1997.

MOMMSEN, W. J./ Müller-Luckner, E. (Hrs.): Kultur und Krieg: Die Rolle der Intellektuellen, Künstler und Schriftsteller im Ersten Weltkrieg. Schrift des Hitorischen Kollegs. Kollowuien 34. München 1996.

ROTHER, Rainer (Hrsg.): Die letzten Tage der Menschheit. Bilder des Ersten Weltkrieges. Katalog. Berlin 1994.

Homepage der Ausstellung: Die Farbe der Tränen. Der Erste Weltkrieg aus der Sicht der Maler: http://www.art-ww1.com/d/present.html.

Witkowski, Mareike: »Mit begeisterten Hoch. Und Hurra-Rufen«? In: Küster, Bernd (Hrsg.): Der Erste Weltkrieg und die Kunst. Von der Propaganda zum Widerstand.